Kunterbunte Fußballgeschichten

Markus Grolik

Kunterbunte Fußballgeschichten

Mit Bildern von Alexander Schütz

Bibliografische Information Der Deutschen Bibliothek

Die Deutsche Bibliothek verzeichnet diese Publikation
in der Deutschen Nationalbibliografie;
detaillierte bibliografische Daten sind im Internet über
http://dnb.ddb.de abrufbar.

Lesedidaktische Beratung: Prof. Dr. Manfred Wespel

6 5 4 3 2   08 07 06 05 04

© 2002, 2003 arsEdition GmbH, München
Alle Rechte vorbehalten
Titelbild und Innenillustrationen: Alexander Schütz
Titelvignette: Carola Holland
Einbandkonzeption: Ralph Bittner
ISBN 3-7607-3953-9

www.arsedition.de

Inhalt

Ein Tiger im Tor	6
Die Wette	16
Ball in Gefahr	28

Ein Tiger im Tor

Jonas  kommt nach .

Traurig wirft er seine

auf das .

„Was ist los?",

fragt Papa besorgt.

„Ich war im  und

habe keinen einzigen gehalten",

sagt  enttäuscht.

„Ich bin so ängstlich wie eine ."

„Komm mal mit", sagt .

Er geht zum

und kramt einen alten hervor.

Darin liegen zwei rote .

 erzählt:

„Früher war ich auch .

Aber erst als ich diese bekam,

habe ich viele gehalten.

Wenn du in die spuckst,

dann springst du nach jedem

wie ein .

Probier sie doch morgen mal aus!"

„Hm", macht  und

kratzt sich ungläubig am .

Nach der  treffen sich

, Kevin  und Nils ,

um zu spielen.

 zieht die alten an

und geht ins .

„Wie ein !", flüstert er

und spuckt heimlich in die .

„Es geht los", ruft

und schiebt den ⚽ zu .

 steht mit offenem da.

ruft: „Super gehalten!"

Auch staunt.

Dann sagt er nur: „Weiterspielen!"

Er spuckt wieder in seine

und lauert wie ein

auf den nächsten .

 Kevin

 Mund

 Sofa

Ball

 Pfosten

 Torwart

 Tiger

 Papa

 Kleiderschrank

 Haus

 Maus
 Sporttasche
 Tor
 Nils

 Karton
 Hand
 Kopf

 Handschuhe
 Schule
 Jonas

Die Wette

Kevin , Nils und

Pauline spielen

auf dem .

Da kommt Jonas vorbei und ruft:

„Na, ihr !

Ich wette um ein ,

dass ich jeden von euch halte!"

„Das werden wir ja sehen",

sagt  und ruft:

„Selber !"

geht lässig ins .

„Los, wer traut sich?", fragt .

 legt den zurecht,

dann läuft er an und schießt.

Wie ein  fliegt der

auf das zu.

 streckt die aus und

pflückt den aus der .

„Du hast wohl in den ?",

spottet er.

 sagt: „Na warte!"

Er nimmt die

und pumpt den ganz fest auf.

 lauert wie ein  .

 legt sich den

vor die und schießt.

Wie ein ⚡ saust der ⚽

auf das 🥅 zu. 🧒 fängt ihn

mit beiden ✋ und grinst:

„Gleich kriege ich ein 🍦!"

„Abwarten!", sagt .

„Ich wette um drei ,

dass du meinen nicht hältst."

 lacht: „Von mir aus!

Also für jeden ein

mit vielen 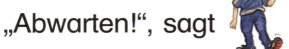, wenn du triffst."

 geht zu ihrem .

Sie zieht die aus

und schlüpft in die  .

Dann legt sie den zurecht.

 fährt zur ,

dreht sich um und startet.

 saust auf ihren  los.

Sie wird immer schneller.

Mit dem linken trifft sie den .

Wie eine  zischt der

auf das  zu.

 springt wie ein ,

aber er kann den  nicht halten.

„! !",

jubeln  und .

„Ich möchte ein mit und ",

sagt zufrieden. „Und ihr?"

Nils

Tor   Hand   Ball   Füße

Rucksack

Kugeln

Blitz

Luft

Kevin

Gartenzwerge

Inliner

Luftpumpe

 Schokolade
 Erdbeere
 Eis
 Pfeil

 Jonas
 Tiger
 Pudding
 Mülltonne

Rakete

 Fußballschuhe
 Schulhof
 Beine
 Pauline

Ball in Gefahr

Kevin  sitzt vor der ![Tür] und pumpt seinen ![Ball] auf.

Da kommen Nils ![Nils] und

Pauline  in den ![Busch] .

„Los, lass uns kicken!", ruft

„Okay", sagt .

Dann zeigt er über den .

Nebenan ist ein verwilderter

mit einem alten .

„Schießt bloß nicht da rüber",

raunt .

„Wieso?", fragt  verwundert.

flüstert:

„Da wohnt eine alte ,

die sieht wie eine aus.

Sie hat sogar eine schwarze ."

„So ein !", lacht .

„Lass uns endlich spielen."

Sie schießt zu .

stoppt und köpft zu .

Wuchtig schießt den

in die .

Er fliegt über einen  und

landet im nebenan.

 wird kreidebleich.

„Oh nein! Was mache ich jetzt nur?"

„Wir helfen dir",

sagen  und .

Gemeinsam schleichen sie zum

und spähen durch die .

Der liegt neben einer .

Plötzlich geht die auf.

In 🥿 kommt die alte 👵 heraus.

Sie entdeckt den und

schaut sich misstrauisch um.

Dann ruft sie:

„Ihr da am ,

ist das euer ?"

„Ja", stammelt .

Die sagt: „Aufgepasst!" und

kickt den über den .

"Danke", sagt  und

holt den ⚽.

ruft: „Sie sind aber

eine ziemlich sportliche He...!"

Erschrocken macht er den  zu.

Doch die alte  ist schon wieder

in ihrem 🏠 verschwunden.

Pauline

Luft

Mund

Haustür

Katze

Garten

Nils

Haus

Gießkanne

 Hausschuhe

 Käse

 Kevin

 Baum

 Ball

 Büsche

 Frau

 Hexe

 Gartenzaun

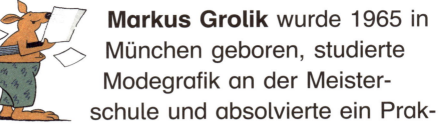

Markus Grolik wurde 1965 in München geboren, studierte Modegrafik an der Meisterschule und absolvierte ein Praktikum als Plakatmaler. 1991 wurden seine Illustrationen am Münchner Comicfest ausgezeichnet. Seit 1995 arbeitet er als freier Illustrator für Verlage und Agenturen.

Alexander Schütz wurde 1960 in München geboren, hat Malerei und Grafik an der Blocherer Schule und später an der Akademie der Bildenden Künste studiert. Seit 1986 hat er zahlreiche Bücher bei namhaften Verlagen veröffentlicht. Viele seiner freien Malereien stellt er in Galerien und Kunstausstellungen aus.

Paul liebt es, gruselige Vampirbücher zu lesen. Es kann ihm gar nicht schaurig genug sein. Und eines Abends bekommt er Besuch. Von einem Vampir ...
ISBN 3-7607-3943-1

Wenn der Nikolaus auf sich warten lässt, dann geht Christian eben auf die Suche nach ihm. Und ob tatsächlich ein Engel kommt, um Katharinas Wunschzettel zu holen?
ISBN 3-7607-3926-1

Hilfe, es brennt! Und schon saust die Feuerwehr herbei. Und auch wenn Katze Molly feststeckt – egal was passiert, die Feuerwehr ist schon da.

ISBN 3-7607-3898-2

„Das kann nicht sein!", ruft Frau Schmidt entsetzt, denn jemand hat ihre Blumen gestohlen. Schon ist Nele zur Stelle. Und die ist schließlich Detektivin und spürt den Blumendieb schnellstens auf.

ISBN 3-7607-3903-2